外資系トップ営業が大切にしている6つの習慣と41の言葉

成为销冠

[日] 高野孝之 —— 著　陈俏然 —— 译

天津出版传媒集团

天津科学技术出版社

著作权合同登记：图字 02-2025-113 号

Gaishikei Top Eigyo Ga Taisetsu Ni Shiteiru Muttsu No Shukan To Yonjyuichi No Kotoba
© Takayuki Takano
All rights reserved.
Originally published in Japan by KANKI PUBLISHING INC.,
Chinese translation rights arranged with
KANKI PUBLISHING INC., through Eric Yang Agency, Inc., & 凯琳国际文化版权代理

图书在版编目（CIP）数据

成为销冠 /（日）高野孝之著；陈俏然译. -- 天津：
天津科学技术出版社, 2025. 8. -- ISBN 978-7-5742
-3105-4

Ⅰ. F713.3

中国国家版本馆 CIP 数据核字第 2025M3K870 号

成为销冠

CHENGWEI XIAOGUAN

责任编辑：刘　磊

出　　版： 天津出版传媒集团
　　　　　 天津科学技术出版社

地　　址：天津市西康路 35 号

邮政编码：300051

电　　话：（022）23332695

网　　址：www.tjkjcbs.com.cn

发　　行：新华书店经销

印　　刷：天津中印联印务有限公司

开本 880×1230　1/32　印张 5　字数 104 000
2025 年 8 月第 1 版第 1 次印刷
定价：52.00 元

序言

世界上有两种销售员：一种赚得盆满钵满，另一种业绩惨淡。二者究竟有什么区别?

外界常说，"销售是一种天赋"或"销售是一种直觉"。

的确，有些公司会招聘那些天生具备销售天赋与直觉的销售员，以快速提升业绩。

然而，天赋与直觉并不是决定销售员赚多少钱的关键因素。

我从零开始，逐步成为公司头部销售员，屡获表彰。此外，在多年的商业实践中，我累计与超五万名销售人员进行了深度交流，并对头部销售员的思维与行为方式进行了深入研究。

通过研究，我发现这些人的成功并非源于天赋，而是源于他们行之有效的销售习惯。

几乎没有人是为销售而生的，或许一百万人中只有一位这样的销售天才。

菜鸟销售员会在某个时刻通过观察和学习头部销售员的做法，了解"赚得盆满钵满"的销售之道。

接着，他们会谦虚地反思自己的行为，意识到"自己不能再这样下去了"，或者"现在的销售方法是错误的"。

他们开始系统地学习头部销售员的成功经验。首先转变思维模式，进而落实到具体行动中。

当这种行动成为一种习惯，菜鸟销售员的销售额将逐渐提升，最终跻身高绩效销售员行列。

那么，如何用一句话概括"能够赚得盆满钵满的销售习惯"呢？

在揭晓答案前，我先向大家提出一个问题。

你认为销售员销售的到底是什么？

你可能会说，销售的是自己的公司。又或者说，销售的是公司的产品。

实际上，销售员还在销售另一项重要之"物"，那就是"你自己"。

销售员销售的不仅是自己的公司及其产品，还有"你自己"——让客户认为"非你不可"的"自己"。

回想一下你的购物经历。很多时候，除了产品本身，你还"购买"了销售员本身。

现在，让我们来揭晓问题的答案：如果用一句话概括"能够赚得盆满钵满的销售习惯"，那就是"让客户愿意购买'你自己'的习惯"。

当今时代日新月异。三年时间过后，公司的产品和服务都可能会发生巨大的变化。

又或者，你会跳槽到其他公司任职，销售与之前完全不同的产品或服务。

然而，那些头部销售员，无论公司、产品或服务如何变化，均能保持高业绩。

大学毕业后，我入职了一家外资电脑企业——日本IBM（国际商业机器公司）。公司招收了四百名新员工，其中两百名为销售员，我便是其中之一。

我所在的销售部门主要负责开发新客户，目标群体包括成熟企业、成长型公司以及初创企业，日常工作以销售推广为主。

然而，在担任销售工作的第一年里，我的业绩毫无起色，前四个月的销售额甚至为零。在同期入职的两百名销售员中，我的业绩排名垫底。

那段时间，我每天孤军奋战。我每天乘坐最后一班地铁回家，周末也在加班，几乎没有休息时间。尽管如此，我的业绩仍然惨淡。

我深感困惑——明明在同一家公司，销售同样的产品和服务，为什么只有我卖不出去？

后来，通过观察头部销售员，我发现他们身上有一个共同点。

他们不是单纯推销产品或服务，而是将"自己"销售给客户。

我将头部销售员的想法与做法记录下来，逐一实践，反复验证，最终找到了成为顶尖销售员的思维和行动方法。

这些方法其实很简单，每个人都可以做到。然而，正是这些看似理所当然的小事经过不断积累，铺就了通往成为头部销售员的唯一道路。

在入职的第三年，我成为开发客户最多的销售员，并因此获得了公司的表彰，信心大增。

此后，我开始认真思考如何才能让自己立于不败之地，并继续观察公司内外的头部销售员，深入研究他们的思维和行动方式。

在接下来的七年里，我每年都达成了公司下达的业绩指标。从业第八年时，我的内心已经非常平静。因为在这段时间里，我不断坚持践行这些销售习惯，已经建立起难以动摇的自信。

入职后第八年，我的业绩远远超出了公司下达的业绩指标，随后被提拔为销售部部长，成为当时日本 IBM 有史以来最年轻的销售部部长。那一年，我三十五岁。

正如前面提到的，我所践行的每一个销售习惯任何人都可以做到。事实上，真正有效的销售诀窍往往都是简单易行的。而能够长期坚持这些销售习惯的人，才会逐渐成为头部销售员。

能否成为赚得盆满钵满的销售员，关键在于能否践行以下六大销售习惯：

1. 与客户建立信赖关系的习惯

2. 培养公司内部人际关系的习惯

3. 改变自己的习惯

4. 持续产出成果的习惯

5. 投资自己并坚持学习的习惯

6. 打磨说服客户的能力的习惯

本书详细介绍了践行这六大销售习惯的具体方法，并总结了四十一个"销售真本领"。请您在阅读完这些内容后，尝试践行自己尚未做到的部分。

如果能记住并践行上述提到的销售习惯，任何销售员都能逐渐提高业绩。若您能够进一步打磨这些销售习惯，便可赚得盆满钵满。

而且，无论您所在的公司、销售的产品或服务如何变化，您都可以依靠这些销售习惯赚取丰厚的报酬。

您的销售生涯将走向巅峰。

目 录

CONTENTS

>>》第2章

有战斗力的销售团队，是管出来的

>>》第3章

做销售，人品比产品更重要

第 1 章

跟客户处成朋友，生意才能长久

01
老客户要"宠"，新客户靠"哄"

在掌握销售技巧之前，你要先培养一颗真正重视客户的心。

和大多数企业一样，日本 IBM 公司销售团队的主要工作分为两个部分：老客户维护和新客户开发。

入职初期，我被分配到负责开发新客户的销售部门，并在此后的八年里一直从事销售推广工作。

销售推广的诀窍是从大楼的顶层开始逐层向下拜访。

首先，你要在大厅查看入驻企业名单，然后乘电梯到顶层，逐层向下拜访每一家公司。

为什么要这样做呢？原因很简单。依赖主观判断某家公司交易潜力较低而放弃拜访，不过是你为自己的懒惰开脱的理由。

人心是脆弱的，而销售工作最忌懈怠。销售员一旦放松对自己的要求，就容易错失潜在客户。于是，我坚持拜访每一家公司，绝不放过任何机会。

我曾亲自试验过一天最多能拜访多少家公司。结果是，从早上九点到下午五点间，扣除午休时间，七小时内我最多可以拜访一百二十六家公司。

然而，即使我拜访了一百多家公司，通常也只能发掘出一个潜在客户。这意味着拼命工作一整天，可能只能换来一个谈判机会。

正因如此，在经历无数次拒绝后，我会十分重视开发出的新客户。

"必须让客户选择我，并对我的方案感到满意"——带着这样的信念，我认真打磨每一份商业提案。

当然，找到潜在客户后，商业谈判才刚刚开始。不过，有时谈判并会不成功。

实际上，失败的次数往往更多。

在职业棒球界，击球率达到三成就能被称为一流击球手；

同样，在销售领域，谈判成功率能达到 30% 的人，就已经是头部销售员了。也就是说，开发新客户时，进入谈判阶段的概率往往只有 1%，而在这 1% 中，最终能成功签约的概率也只有 30% 左右。

每个愿意谈判并签约的客户都弥足珍贵。

我认为销售员的核心工作内容有两个：一是成功开发新客户，二是不被老客户抛弃。

那么，怎样才能成为被客户选中的销售员呢?

具体的技巧有很多，但最重要的是你要先培养一颗真正重视客户的心。

销售真本领

如果销售员能将这份重视付诸行动，真诚对待每一位客户，自然就能赢得客户的信任。

02
成功从客户说"不"开始

销售员要认真思考自己能做到什么，并坚定地向客户传达"我一定能做到"的决心。

每位销售员都会遭到拒绝，但关键在于如何应对。

当我接手前任销售员的工作，第一次拜访重要客户 E 公司时，对方直截了当地说："从明天开始，你不用来了，我们不需要销售员。"

民营电视台 E 公司是我们部门金额最高、合作时间最长的客户。那天，我满怀期待地走进 E 公司大楼，却在交换名片后听到了这句冰冷的拒绝。我震惊地询问对方原因后便陷入了长久的沉默。

尽管突如其来的拒绝让我一时慌乱，但我迅速平复了情绪，冷静地向客户了解原因。原来，E公司的不满源于我们长达十二个月的交货期，这严重影响了他们的投产计划。

在客户要求的时间内确保产品交付，是销售的重要任务之一。我完全理解E公司的不满，于是立即回到办公室，向上司Y先生报告情况并商讨对策。

当时，我因担心失去这个大客户而脸色苍白，Y先生察觉后安慰我说："销售工作本就始于拒绝，有时甚至始于不利局面。关键在于如何扭转形势，赢得客户的信任。"

"即使身处不利局面，也不能放弃销售。"Y先生的话让我重拾信心，积极迎接挑战。

为了赢回客户的信任，我们决定将交货期从十二个月缩短至六个月。

接下来的两个月，我每周参加公司内部组织的E公司项目会议，与团队成员共同探讨缩短交货期的方案。最终，我们找到了让工厂发货替代品的解决方案，成功将交货期缩短至六个月。我向E公司详细解释了方案的可行性，并赢得了他们的信任。

面对客户说"从明天开始，你不用再来了"的情况，真正的销售员不会就此退缩。

认真思考令客户不满的根源，以及自己能为客户解决什么问题，才是关键。接着，倾听客户的期望，并通过行动坚定地向其传达"我一定能做到"的决心，才能赢得客户的信赖。

即便是经验不足、能力有限的新人，也可以通过努力弥补缺陷。客户真正看重的并非是多么高超的销售技巧，而是销售员真心实意地帮助他们解决问题。

因此，认真思考自己能为客户做什么，并向客户传达"我一定能做到"的决心，就能与客户建立信赖关系。

反之，即便销售员的技巧再出色，若客户心中缺乏"这个人一定能做到"的念头，销售员也难以赢得信赖。

销售真本领

销售工作本就始于拒绝，有时甚至始于不利局面。了解这些，积极对待客户才是关键。▲

03
搞定客户，先下功夫搞懂需求

能获得客户信赖的销售员，常会被夸赞"你真是下了许多功夫"。

客户的信赖对销售员至关重要，却难以用肉眼衡量。

有一种简单的方法可以判断你是否赢得了客户的信任——那就是客户是否对你说"你真是下了许多功夫"。

我第一次听到客户对我说这句话时，订单已经十拿九稳。我想这句有魔力的话语，是获得客户信赖的重要信号。

那是我入职第一年的第七个月，作为销售部的新人，我参与了企业培训项目，这是现场实习的重要环节。负责向全球顶尖电气制造商 Y 公司的约五十名操作员教授某个系统的数据输入方法，是我接到的第一个重要任务。

当时的我只是计算机领域的初学者，而培训对象是经验丰富的操作员，他们的知识储备远胜于我。为此，我准备了详细的操作手册，以对他们进行为期一周的培训。

由于系统的数据输入方法非常复杂，我尽量避免使用专业术语，而是用简单的语言编写手册，并以简洁易懂的方式讲解。

培训结束后，Y 公司的几位女性操作员称赞我："你真是下了许多工夫。"这句话让我信心倍增。

我能够得到高度评价，是因为我站在客户的角度，用简洁易懂的方式解释了复杂的内容。

这次经历让我受益匪浅。从那以后，我始终努力争取得到客户类似的夸赞。

作为销售员，我的包里不仅装着公司的宣传手册，还有自己手写的手册。比起公司的宣传手册，这本我精心整理的手册更能帮助我清晰地介绍产品和服务。

此外，在与总经理和董事等工作繁忙的高管谈判时，为了让他们快速抓住要点，我经常使用手写的翻转卡片，这类似于电视新闻节目中常用的提示板。

由于卡片空间有限，我只能用大号字体写下关键要点。通过这种简洁的表达方式，我清晰、高效地阐述了客户的管理难题，并给出了解决方案，赢得了高管的赞赏。

这时，他们常会问我："您为了了解我们公司下了许多功夫，请问是怎么做到的？"

客户称赞"你真是下了许多功夫"，便是他们敞开心扉，向销售员传达"我信任你"的信号。

客户期待从产品和服务中获得好处。站在客户的角度，将这些好处清楚地表达出来，是赢得上至高管客户，下至基层员工客户信赖的不二之选。

销售真本领

下功夫了解顾客，清晰简洁地阐述问题及解决方案。

04
拜访一百次不如找对一个客户

销售能否成功与拜访次数无关，客户有购买动机便能成交。

当销售员因业绩不佳而情绪低落，向我寻求建议时，我总会说："先评估客户是否真的值得继续跟进。"

我见过太多销售员反复拜访没有成交潜力的客户，这种努力只是徒劳。

事实上，我也曾这样做过。

在我做销售的第二年，我花了整整一年的时间拜访B公司，次数超过一百次——一年约五十二周，每周两次。

我提交了一份价值一亿日元的商业提案，项目负责人较为满意，但关键决策人却兴趣寥寥。最终，我未能签约，感到十分沮丧，一时难以振作。

但之后，我仅拜访 C 公司三次，便成功签下一亿日元的合同。

B 公司和 C 公司的提案金额相同，但销售结果却截然不同。我仔细思考并复盘了其中原因。

拜访客户的次数与能否成交没有直接关系。

从那时起，我改变了销售策略，不再盲目追求拜访次数，而是将精力集中在有成交潜力的客户上。

开发新客户时，我会在初次拜访时就判断客户是否值得继续跟进。

许多销售员过于关注拜访次数，认为频繁拜访才能体现诚意。但根据我的经验，成交的关键在于识别客户的购买动机，而非提高拜访频次。

在培训中，我常强调："首次拜访的核心任务是判断客户是否有购买动机。"

如果客户没有购买动机，那么不管你费多少力气，他们都不会购买。

而有强烈购买动机的客户，往往更容易成交，且动机越强，成交概率越高。

假如你是一名汽车销售员。一位客户在购入汽车后，每月需还三万日元的汽车贷款，五年还清。购车四年半后，客户因油价上涨而感到担忧。

这位客户的购买动机如下：

· 车贷将在半年内还清；

· 希望节省每月油费。

通过分析可知，这位客户显然具有购买动机。若你在初次拜访时发现客户有明确动机，这个客户就值得你深入跟进。

> **销售真本领**
>
> 销售重在精准，不在频次。首次拜访就要判断客户价值。

05
你"秒回"，他就"秒下单"

快速的回答优于完美的回答。

销售员面对客户的问题，应花多长时间进行回答?

实际上，这个细节往往是赢得客户信任的关键。

许多销售员为了提供"完美答案"，会花费大量时间调查，直到截止日期临近才给出答复。

然而，大多数客户并不需要满分答案。他们通常只希望得到大约八十分的回答，如果销售员能迅速回应，五十分的答案往往就足够了。

客户提出问题后，等待的时间越长，他们对"完美回答"的期待值就越高。

此外，回复时间越长，销售员花费的精力也会越多。因此，销售员需要有意识地设定答复期限，尽快回复客户。

当然，有些问题确实需要更多时间处理。

在这种情况下，销售员可以向客户申请更多时间，但在收到问题的当天（二十四小时内）至少给予一次初步回复，并在约定时间前提供最终答案。这种方式能让客户对销售员的响应感到满意，进而增强客户对销售员的信任感。

迅速行动不仅适用于回答客户问题，在提交商业提案书和报价单时也同样重要。

客户会关注销售员的工作速度。因此，为赢得客户信赖，销售员应始终保持高效。

高效的工作方式也有助于保持心理健康。许多跨国企业，如美国国际电话电报公司和梅赛德斯－奔驰，都曾邀请著名顾问利特·埃米特举办关于时间管理和压力管理的演讲，她提出的"埃米特法则"在商界广为人知。这一法则认为，拖延工作需要付出成倍的时间和精力，而对完美的执着追求就是其中一个成因。

由此可以看出为工作设定期限、迅速行动的重要性。

在销售培训时，我反复强调："无论如何都要迅速行动，你会惊讶于它的效果。"许多学员实践后都对结果感到意外。

销售真本领

值得信赖的销售员不会让客户等待。请快速回答客户的问题，并迅速提交商业提案书和报价单。▲

06
超额完成任务，机会主动上门

与客户一起制订满意度标准，并努力超额完成。

在销售领域，客户满意度至关重要。满意的客户不仅会持续使用产品或服务，还更可能接受销售员的新提案。

提升客户满意度有一个简单有效的方法。

与客户共同制订满意度标准。了解客户满意与不满意的标准后，销售员只需努力超额完成满意标准即可。

这里分享一则趣事。

那是我入行第二年的第五个月，一天清晨，我在港区一栋办公大楼查看入驻企业名录，并在傍晚五点前拜访了约五十家公司。

虽然只有一家 M 旅行公司表现出了合作意向，但值得庆幸的是，我成功争取到了下周与其负责人面谈的机会。

见面时，我发现对方是总经理办公室主任，显然是关键决策者。

M 公司是某大型运输公司的子公司，成立仅三年，专注于海外旅行业务。

当时，海外游客人数超过一千万，M 公司正处于快速成长期。

通过交谈，我了解到 M 公司在每年暑假和年底时，预约业务、机票与酒店安排、账单处理等工作量激增，由于人手不足，员工们忙得不可开交。因此，他们希望引入新计算机系统来提高效率。

听完负责人的诉求后，我总结出了 M 公司的满意度标准：

· 提高工作效率以应对业务高峰期；

· 系统在 11 月业务高峰期前投入使用。

随后，我邀请负责人来到公司，依据上交的提案，我向其演示系统操作流程，并详细说明如何满足他们的需求。

一周后，我们签订了合同，并召开了项目启动会议。最终，系统提前一个月交付，M公司顺利度过了年底的业务高峰期。

业务高峰期结束后，M公司的总经理和高管不仅向我当面致谢，还主动为我写了推荐信。凭借这些推荐信和同行名录，我成功开拓了三十多家新客户。

若能超额完成客户的满意度标准，客户的满意度就会显著提升，对你产生信赖。

销售真本领

销售员应制订客户的满意度标准，并以此推进工作。▲

07
知己知彼，一眼看穿客户心思

在倾听中明确客户的问题及其原因。

业绩不佳的销售员往往一开口就急于推销产品，而这正是其失败的原因。

销售员最应该先做的是仔细倾听客户的问题及其原因，然后选择能够解决客户问题的产品并进行说明。

如果患者发烧至三十八度去医院，医生不问诊、不检查就直接开药："这是感冒药，喝完多休息。"患者会怎么想？他大概会怀疑医生的专业性，甚至不再信任这家医院。

销售也是如此。如果不了解客户需求就急于推荐产品与服务，往往会适得其反。

每个问题背后都有其原因。如果不了解原因，就无法提供最佳解决方案。销售员未经认真倾听就直接推荐的产品，往往无法真正解决客户的问题。

失败的销售员会推销客户不需要的产品，这会使其失去客户的信任；就算这次侥幸成交，之后也可能错失更大的合作机会，造成不可挽回的后果。

然而，很多时候客户只知道问题，却不清楚问题出现的原因。

因此，销售员不仅要倾听，还要通过提问帮助客户明确问题的根源。

以 M 旅行公司为例，通过倾听，我发现他们在业务高峰期工作过载的根本原因是未能实现预订、安排和账单处理的一体化管理，在处理客户信息上做了大量无用功。

如果销售员能在交谈中找出问题及其原因，并提供解决方案，一定会得到客户的认可，订单也会迅速成交。

当然，销售员的提案还应帮助客户实现公司的长远目标。如果你能与客户共同描绘未来蓝图，客户会更认真地倾听并推进合作。

个体客户同样如此。如果销售员推荐的产品与服务能实现客户的期望与梦想，客户就会对产品产生极大兴趣。

销售真本领

销售员应提出能解决客户问题的方案，并帮助客户实现他们的长远目标。▲

08
吸引公司高层的"破冰"技巧

与总经理见面，从公司高层展开攻势。

在销售培训中，我常强调："请与客户公司的总经理见面。"

任何商业谈判都有决策者，而公司最高决策权通常掌握在总经理手中。如果销售员能与总经理见面，成交率将大幅提升。

然而，现实中许多销售员因心理障碍而犹豫不决。

事实上，许多总经理渴望与销售员交流，以获取商业提案。

在我初入行时，也曾因与比自己父辈还年长的总经理会面而感到不安。但与外资食品销售企业 R 公司总经理的会面经历，让我深刻体会到与高管见面的重要性。

那是一个周一的清晨，我拨通了 R 公司的电话，希望能与其总经理直接面谈，并幸运地成功预约了周三的会面。

R 公司位于东京都港区西麻布，是一家实力雄厚的企业，年销售额达到两亿日元，经常性净利润达到五千万日元，后来成功上市。

R 公司总经理为人随和，当我问及公司近况时，他坦诚地指出了 R 公司当前的困境。他清楚地意识到公司遇到了瓶颈，希望从销售员这里获得新思路。

当时，我恰好为出现类似问题的另一家客户公司提交了商业提案书，于是我立即在白板上分析了 R 公司的症结，并提出了解决方案。

一周后，我用两小时向 R 公司总经理详细介绍了提案内容，并演示了最新的业务系统。次日清晨，当我再次拜访 R 公司时，总经理已经爽快地在合同上盖了章。

从初次会面到合同签署，仅用了一周时间。

正如我所提到的，总经理掌握着公司的最高决策权。即使公司设有常务董事会等决策机构，总经理的意见往往仍起决定性作用。

因此，若能在销售初期与总经理会面，短时间内成交的概率将大幅提高。

许多销售员习惯于从公司的基层入手，逐步将提案提交至总经理处。这种方法虽然常见，但有时效果不佳。销售员需要克服心理障碍，直接从公司高层展开攻势。

与总经理打过交道后，他会对你留下深刻印象，相对于其他竞争者，你便能占据优势，同时，你与公司其他人员的沟通会更加顺畅，提案范围更广，成交概率更高。

打破内心的障碍，你便不再畏惧与总经理这样的人物会面。此后，与董事或部门经理的会面也不再令你紧张，销售时你也能自然地与客户建立更广泛、更深厚的信赖关系。

> **销售真本领**
>
> 克服心理障碍，养成与公司高层会面的习惯。通过与高层及现场负责人建立联系，销售员能与客户企业构建更广泛、更深厚的信赖关系。

第 2 章

有战斗力的销售团队，是管出来的

01
会听建议，不愁业绩不拔尖

听取他人建议，会减轻自身负担，更加轻松。

能够创造高业绩的销售员，大多谦虚而诚实。越优秀的销售员，越能听取他人建议，学习他人长处，改正自身缺点。

我们往往在不知不觉中变得过于自我。自我意识越强，越听不进去他人建议，囿于自己的想法与思考。

若自我过度膨胀，则可能阻碍自身发展。

我在初入行时也曾经历过这样的阶段。

前面提到，销售生涯的前四个月，我的业绩为零，在同期入职的两百人中排名垫底。

尽管领导和前辈每天都会为我出谋划策，但我仍固执地坚持自己的想法，试图通过个人能力证明自己。这种自我意识膨胀的状态严重阻碍了我的进步。

直到公司前辈 A 先生的一句话点醒了我。

"高野，所谓工作，就是做让他人更加轻松的事。"

这句话让我豁然开朗。

"做让他人更加轻松的事"中的"他人"，既包括亲人、朋友、邻居等身边的人，也涵盖职场中的领导、前辈、同事等公司内部的人。工作的本质，就是通过自己的努力，减轻他人的负担，让他们感到更加轻松。

而其中的关键就是倾听他人意见、虚心请教、不断学习。

这种心态不仅适用于职场新人。

随着经验的积累和业绩的提升，销售员往往会建立自信，产生自豪感。但这种自豪感有时会演变为自负，导致人自我意识过度膨胀，囿于自己的想法与思考，不愿接受他人的建议。

销售员需要拥有自豪感，但自豪和自负往往只有一线之隔。自我意识一旦误入歧途，就会令人陷入自我封闭的怪圈。

资深销售员的业绩下滑往往与此有关。他们依赖过去的经验，把自己封闭在舒适圈里，无法接受他人意见，最终陷入困境。

为了避免这种情况发生，销售员应始终保持开放的心态，积极听取领导和前辈的建议，将其视为减轻负担、提升自我的机会。如此，销售员便可发现并改正自身缺点，学习新的销售技巧，改善在公司内部的人际关系。

客观审视自身，倾听并接受他人建议，虚心改正自身缺点，才能不断进步。

销售真本领

倾听并接受他人建议，有利于个人发展，以及在公司内部建立良好的人际关系。▲

02
日报≠流水账，是向领导"要资源"的暗号

琐事之中，大有裨益。

"把事情搞'杂'时，琐事就出现了。"

这是日本著名作家渡边和子的一句名言，我曾在一位公司前辈口中听到过这句话。

渡边和子年轻时曾在美国波士顿郊外的一所修道院学习，每天做完礼拜后，她忙于打扫、洗衣，并为一百三十人摆放餐具，重复着这些简单的工作。

一天，修道院院长问她："摆放餐具时，你在想什么？"

渡边立刻回答道："我什么都没想。"

院长接着说道："既然一直在摆放餐具，不如在这时为用

餐的人祈祷。"

这句话让渡边明白了一个重要的道理——世界上不存在真正的"琐事"。

销售员往往过于追求业绩，厌恶看似琐碎的工作。然而，这些"琐事"实则蕴藏着巨大的价值。

在入职销售部的第一年里，我每天上午八点前到达公司，用抹布擦拭大约五十位前辈的办公桌。这工作看似简单，我却抱着为公司做贡献的心态，与同事一起负起责任。

如果我只是机械地擦拭桌子，那这确实只是琐事，但我在擦拭过程中观察到了许多细节。

头部销售员与菜鸟销售员的办公桌有很大的区别。头部销售员的桌子上没有杂物，整洁有序，资料归档清晰，他们早上到公司后能立刻投入工作。

而桌上堆满杂物的销售员，则每天都需要花时间整理，导致工作效率低下，业绩下滑。

许多销售员认为填写销售日报是琐事，但这其实是与领导沟通的重要工具。

通过销售日报，领导可以清楚了解项目进展和问题，理解销售员的努力，并及时提供帮助。

许多销售员认为汇报、联系、交流也是琐事。

实际上，这些行为能帮助他们在遇到工作问题或需要创意时，获得领导的支持，渡过难关。

认真对待销售日报和时常汇报、联系、交流的销售员，往往更能赢得领导的信任，从而更容易获得支持和重用。

销售真本领

填写销售日报和进行汇报、联系、交流工作不是琐事，而是与领导进行沟通的有效交流工具或途径。

03
团队成员要学会"传、帮、带"

用己之强补他之弱，借他之强助己之弱。

人们常说"销售员这行，业绩为王"。如果销售员无法提升业绩，为公司创造利润，就很难获得认可。因此，许多销售员陷入误区，以为销售是孤独的工作，视同事为竞争对手，始终对同事保持警惕。

但实际上，销售员并非是孤独的，视同事为竞争者也是错误的。

通过观察超过五万名销售员，我发现，优秀的销售员更善于与同事建立良好的关系，并依靠彼此的力量共同成长。他们通过向领导和同事请教、学习，快速提升自己，将所学转化为业绩。

例如，在面对繁重的商业谈判或身体不适时，销售员如果没有领导和同事的支持，很难顺利渡过难关。

很多销售员常依赖领导和前辈，却把同事和后辈仅视为竞争对手，缺乏合作意识。事实上，同事不仅是竞争者，更是可以帮助你的伙伴。

每位同事和后辈都有各自的长处。仔细观察，你会发现他们的优点：

· 即使再忙，也会抽空与你讨论工作；

· 工作注意力集中，能随时调整工作与休息的节奏；

· 勇于尝试新事物，持续积累经验。

因此，在遇到问题时，你很快可以想到"可以请教同事 A"或"让后辈 B 帮忙"。

想要得到别人的帮助，平时就要主动帮助他人。

每个人都有自己的强项和短板。看到别人遇到困难时，你不妨伸出援手，用自己的长处弥补他们的不足。

例如，同事 C 难以开发潜在客户，你可以向他分享你的经验；后辈 D 不擅长处理客户投诉，你可以传授一些技巧给他。

从领导的角度来看，乐于助人的员工通常会给其留下热心、可靠的印象。这样的员工更能赢得他人的信任，建立良好的人际关系。

当然，积极帮助领导和前辈还能改善你与上级的关系。当你遇到困难时，他们也会向你主动伸出援助之手。

销售真本领

销售业绩固然重要，但会随着周期重置清零，而良好的人际关系会一直长存。

04
"挑刺"的领导，让你少走弯路

上司的严格要求，实则是为了向你传授正确的工作方法。

在职场中，与领导是否投缘非常重要。与领导的关系对销售员的工作体验和业绩有着重要影响。

与投缘的领导一起工作，我们会感到轻松愉快；而与脾气不合的领导相处，则可能倍感压力。

然而，即使感觉与领导不合，也请你尝试真诚倾听他们的意见，领导丰富的实战经验往往能让你受益匪浅。

在我还是一线销售员时，我曾遇到过一位让我觉得难以相处的领导 K 科长。

一天销售工作结束后，我向他汇报工作成果，但他常常在我说话时打断我，并提出问题。在他要求我复述客户的原话时，我尤感不快。

我曾疑惑，K科长为何不能听我说完，为什么不相信我？

然而，长期与K科长共事后，我逐渐明白了他的用意。由于他不在谈判现场，而我的解释又不够清晰，他需要我复述客户的原话，以了解真实情况，从而为我提供正确的建议。

我与K科长之间还有一段故事。

IBM的销售工作核心是先了解客户公司的经营问题，然后依托计算机系统为其提供解决方案，并向客户公司的高层管理者阐述价值。

例如，在服务制造企业客户时，销售员需要深入设计、制造、采购、销售、财务和经营规划等部门，了解其业务内容和问题，为客户量身定制切实可行的解决方案。

在为T公司制作提案书时，我没有亲自拜访客户，而是直接修改了同事的提案书，提交给K科长审阅。

当时，销售部的许多同事在遇到相同行业的客户时，都会循环使用提案书。由于白天忙于拜访客户，晚上六点后才能伏案工作，难有精力为每一家客户从零开始制作提案书，大家普遍认为循环使用提案书高效且省时，因此这种方法广受欢迎。

然而，K科长看到我的提案书后，严厉批评道："绝对不能这样敷衍了事！"

随后，他带我多次拜访T公司，深入了解其业务内容和问题。在拜访过程中，我逐渐发现了T公司的个性化问题，并为其提供了最合适的解决方案。

K科长教会了我一项销售的基本原则：与客户共同制订解决方案。

当时的我初出茅庐，缺乏知识和经验，过于追求效率，忽视了实地调研的重要性，草率地完成了提案书。

K科长的严格指导让我认识到了自己的错误。

通过与K科长一起处理T公司项目，我学到了许多销售技巧。

当时，销售部的提案书通常以"敬启：祝贺贵公司日益繁荣……"的固定格式开头，几乎所有同事都在沿用这一模板。

我也照此提交了提案书，却被 K 科长要求重写。

我一筹莫展，明明这是大家通用的规则，为什么只有我需要修改？后来我意识到，他是希望我根据 T 公司的需求，写出更具针对性的内容。于是，我调整心态，重新撰写了文案。

当 K 科长看到我修改后的开头时，他立刻认可了我。我向他询问理由时，他解释道："如果提案书的引言部分能够点出客户面临的问题，并简要提出解决方案的关键点，客户就会更感兴趣，更愿意阅读到最后。"

明明是部门通用的标准模板，K 科长为何唯独对我提出特殊要求？或许是因为我在销售部最年轻，缺乏推进商谈与制作提案书的经验，却先养成了走捷径的习惯，这让他感到担忧。

当时，我对科长的严格要求颇感压力，但后来我越发感激这段经历，正是他的指导让我掌握了正确的销售方法。

销售真本领

从经验丰富的领导身上，我们可以学到很多。不要认为领导要求过于严格，认真倾听并理解他们的想法，你会受益匪浅。

05
绩效想突破，基础别马虎

销售员要夯实业务基础，将商谈项目分门别类。

销售工作离不开业绩指标。如果销售员无法完成指标，公司对他的评价就会降低。

为了提升短期业绩，许多销售员急于求成，敷衍了事，但这往往适得其反。

当面临必须完成的月度指标任务时，能力不足的销售员可能会过度焦虑。

"这个月销量这么差，该怎么办……"于是，他们开始对客户进行强行推销。然而，这种做法不仅难以成功，反而可能破坏销售员与客户之间的信任。

相对而言，优秀的销售员会从切实可行的基础任务入手，例如完成销售推广量、电话预约量、报价单和提案书的数量等基础任务。在关注眼前的业绩数字之前，扎实做好这些基础任务才是获胜胜利的关键。

这些任务是商务洽谈的基础。若销售员不能夯实基础，就无法挖掘更多潜在客户，更难以获得签约机会、达成销售业绩。

然而，许多销售员往往过于注重业绩结果，忽视了基础任务，只优先处理与签约直接相关的事务。相信很多人都有过这种经历。

确保完成基础任务的最佳方式是设定每周目标并制订行动计划，例如每周完成十次电话预约、提交两份报价单、制作一份提案书。

以下是销售员一周日程安排的示例。

周一：浏览官网，确认本周需要的客户信息（每十分钟一家）。

周二：制作两份报价单和一份提案书。

周三：争取预约拜访十家新客户的机会。

周四：回顾本周工作，分析未完成的原因并制订解决方案。

周五：制订下周计划，确定与客户及其支持部门的会议时间。

将销售任务分解为每周的日常工作，确定工作重点，有助于销售员逐步夯实基础，稳步提升业绩。

即使基础稳固，销售员有时仍可能无法达成预期目标，此时，则可将项目分为以下三类并向团队说明：

①无销售阻碍的项目；

②已识别阻碍并制订解决方案的项目；

③阻碍和解决方案尚不明确的项目。

只要确保完成第①类项目、解决第②类项目，并持续探索第③类项目的解决方案，无论结果如何，这个销售员都能获得团队的认可。

销售真本领

唯有夯实业务基础，销售额才会提升。试着制订每周计划与目标，并坚决执行。 ▲

06
做好"人脉投资"，你会得到高额回报

与年轻一代建立友谊，就是为未来的人际关系铺路。

在我近四十岁时，被外派到美国纽约的 IBM 总部企业战略部门工作。

赴任一个月前，人事董事长 S 先生在颁发调令时，向我传授了三个海外任职的要诀：

· 亲身体验异国文化；

· 注意安全，平安归国；

· 主动结交年轻一代的同事。

这是 S 先生从自身海外经历中总结的经验，他会向每位外派员工分享。

当时，我对第三条建议感到疑惑，便当场请教 S 先生其中缘由：

"请问为何要结交年轻一代的同事呢？"

S 先生的回答简明扼要："请考虑未来二十年的事业发展。现在五十多岁的高管虽然手握权力，负责重要工作，但十年后又会是哪番情景？他们多半已经退休了。因此，与年轻一代建立友谊，将为你未来的事业带来巨大帮助。"

这番话让我豁然开朗。此后在纽约工作的一年多时间里，我谨遵 S 先生教诲，结交了许多年轻朋友。回国后，我仍与他们保持联系，他们在工作方面给予了我诸多帮助（即便离开 IBM 多年，我们的友谊依然深厚）。

此后在 IBM 公司任职期间，我将 S 先生的智慧付诸实践，回国后也注重培养与年轻一代的友谊。

在公司结交年轻一代的秘诀是摒弃居高临下的态度和相处方式。虽然在公司组织层面，我是他们的领导，需要给予其业务指导，但我始终秉持着"人格平等"的理念。

为避免等级观念，我称他们为"团队伙伴"而非"下属"。

后来，我历任 IBM 五个部门的业务经理，与数万名公司内外的年轻朋友合作，又从他们身上学到了许多。

如今，许多当年的年轻朋友已身居要职，承担起更重大的责任。与他们见面或听闻他们的成就让我倍感欣慰。离开 IBM 后，我与他们携手创办多家公司，持续在商海乘风破浪。

销售工作通常以个人业绩为导向，容易让人陷入单打独斗的思维模式。销售员虽然偶尔会向领导或前辈寻求帮助，却常常忽视年轻一代的力量。

事实上，年轻一代的感性思维和对新技术、新商业模式的敏锐洞察力，能为我们带来许多启发。而且，随着我们年龄渐长，有了年轻一代的帮助我们也能更加行稳致远。

这就是保持销售事业长青的秘诀。

销售真本领

与年轻一代建立友谊，构建长远的关系，就是为未来的自己铺路。

07
上级领导，你的职场贵人

销售员需了解上级领导所拥有的权限和信息。

大家对于上级领导有何印象？如果你是销售主任，你的直属领导通常是销售科科长，而上级领导则是销售部部长。销售科科长一般管理五到六名下属，销售部部长则负责两到三名科长。

许多人可能觉得与部长级别的领导沟通是一件麻烦的事，因此选择回避。

然而，我想强调两点应注重与上级领导沟通的原因。

第一，上级领导是你的考核者。

决定你考核、晋升或调动的人，往往是上级领导而非直属领导。

人事考核通常分为两个阶段：直属领导先进行评估，再由上级领导做出最终决定。

这种两段式评价机制旨在避免单一管理者的主观偏见，确保考核的公正性。

在晋升时，直属领导负责推荐，而上级领导则决定结果。每个公司都有自己的内部晋升机制，上级领导会与其他部门协调后决定晋升结果。

人员调动也是如此，由直属领导推荐，由上级领导决定调动结果。

上级领导在考核、升迁、调动等人事决策上发挥着重要作用。因此，展示自身能力固然重要，但你同样需要在上级领导面前展现自己的价值。

很多客户非常重视头衔。如果派出与客户头衔相当的负责人与之沟通，客户的满意度往往会更高。

因此，在面对部长或高管等具有较高头衔的客户时，销售员可以请求上级领导（如销售部部长或更高级别的董事）同行。

客户常常希望见到销售部部长，即使没有明确要求，派出与对方头衔相当的人员也能有助于顺利地推动销售进程。

在请求上级领导同行时，需简洁传达以下信息：

- · 拜访目的；

- · 客户信息；

- · 当前交易进展；

- · 提案内容。

此时，上级领导会评估销售员的能力。若你在请求领导同行前做足了准备工作，不仅能展示你的业绩成果，获得较高的评价，还能为你未来的职业发展铺平道路。

第二，向上级领导学习。

部长以上级别的领导能够参与公司战略与战术的制订，掌握公司发展的大方向。

他们理解市场大局、锁定目标客户，并据此制订销售、市场调研和广告宣传等决策，决定公司的发展方向。

如果能从他们身上了解到公司战略和战术等信息，销售员便能更清晰地了解自身的工作目标与未来发展方向。

销售员每天忙于完成业绩目标，有时只顾着完成短期业绩目标，难免感到困惑："我为什么要做这些？"

销售工作的本质是"以客户为中心"，但销售员容易受现场情况影响，长期如此可能会迷失方向，动摇行动基准。

为避免这种情况发生，销售员需要从上级领导那里了解公司战略，以便理解当前工作的意义，明确行动基准，消除疑惑与不安。

观看足球比赛时，视角不同，看到的景象自然不同。坐在上层观众席能够清楚知晓比赛动向与选手位置，而坐在最前排观众席则能直接目睹球员的激烈对抗。

销售工作类似于坐在前排观看比赛，销售员可以直接面对客户和竞争对手。

但仅凭此无法掌握全局。销售员需要像坐在上层观众席一样，从经营层面俯瞰行业与市场，明确公司在其中的位置。

销售真本领

销售员应在向上级展示自己并获得良好评价的同时，积极了解公司战略，明确自身职责与发展方向。 ▲

第3章
做销售，人品比产品更重要

01
将领导的评价视为进步的机会

将领导的评价结果看作成长的指南针。

"领导似乎并不认可我，我付出了这么多努力，为什么还是得不到他的肯定？"

在销售培训或研讨会上，我经常听到类似的抱怨。许多人因无法接受领导的评价而感到沮丧。

对此，我的建议是：不要过于纠结评价结果。如果过于关注结果，我们就容易忽视"如何改进自己"或"需要提升哪些能力"等关键问题。

作为评价者，领导通常有以下考虑：

· 提升员工满意度与能力；

· 与下属保持良好沟通，促进相互理解；

· 探讨如何改善下属的不足并发挥其长处。

帮助下属成长是领导的重要职责。

因此，作为下属，你真正需要做的是接受领导的评价，并主动询问如何促进自身发展；然后，将领导的建议视为提升的动力。

你能否进一步成长，关键在于是否能充分利用这些反馈。

在员工销售能力的强化培训及咨询中，我常推荐一种上下级沟通的方法，名为"成为优秀销售员的三个步骤"。

这是我基于 IBM 的评价制度设计的方法，效果显著。

其核心在于"与领导共享目标，在实现目标的过程中获得成长"。请各位务必尝试。

步骤一：设定年度目标。思考以下六个要点，设定双方认可的目标：

· 你是否理解部门的目标?

·在实现部门目标时，你能发挥什么作用？

·你需要承担哪些责任？

·你设定什么个人目标能为部门目标做出贡献？

·你需要与谁合作？

·你是否对工作的优先级和重要性进行了排序？

步骤二：每季度与领导一起确认目标进展情况。关注以下三个要点：

·目标进展如何？

·为实现目标你需要作何改变？

·你已实施的改进措施是否有效？

步骤三：一年后，确认目标完成情况并反思评价结果。关注以下三个问题：

·你是否对目标完成度、能力运用、部门贡献进行了自我评价？

·你是否认可领导的评价？

· 你是否与领导探讨了改进措施并制订具体对策?

> **销售真本领**
>
> 通过与领导共同设定目标、跟踪进展并总结经验,销售员不仅能免受短期评价的干扰,还能发现关键问题,推动自身持续成长。 ▲

02
办好专业事，才能赢得客户信赖

销售员应自主设定更高目标。

销售员在达成销售目标时最有成就感。

达成目标可以分为以下三种情况。为了不断促进自身发展和成长，你认为哪种目标最有效？

①完成公司下达的销售指标；

②自主设定更高目标但未达成（已完成公司指标）；

③完成自主设定的更高目标。

虽然达成第一种和第三种目标能给你带来成就感，但易导致自满，忽视自我反思。因此，第二种达成目标的类型最能促进自身发展与成长。

我接触过的许多头部销售员，都是通过将个人目标设定在公司规定目标之上，最终成为行业翘楚的。

在我八年的一线销售经历中，我每年都将个人目标设定为公司指标的两倍。我认为若不能完成双倍指标，自己就无法获得发展与成长，因此特意设定了更高目标。

在这八年里，我虽然全部完成了公司指标，但只有三年达成了个人目标，其余五年均未达成。

然而，正是这种高标准让我在未达成目标时能够反思自我，找到原因，并将这些结论转化为自我提升的机会。

想要成为头部销售员，必须拥有以下三项能力：

①责任感：自觉承担职责，率先推进工作，妥善应对风险。

②理解力与判断力：把握问题根源，做出正确判断。

③专业性：努力学习新知识、打磨技能，展现专业素养。

销售员需要持续打磨这三项能力并防止其僵化。

不过，销售员不能止步于此，还必须掌握第四项能力：应对变革与挑战自我。这意味着销售员需要通过提升前三种能力，推动自己走向更高阶段。

我将个人业绩目标设置为公司指标的两倍，正是为了锻炼自己这一能力。在面对挑战性工作时，你若没有创新思维与突破性方法，就无法完成目标。

为了达到公司指标的两倍业绩，销售员需要将潜在客户储备量增加到常规的两倍，并将客户提案书的完成时间缩短一半。这些具有挑战性的目标要求销售员不断尝试探索创新性的工作方法，在反复试错中实践。

尽管会遭遇挫折，但这些挑战正是培养销售员创新思维和突破方法的沃土。

销售真本领

如果仅仅重复日常工作，销售员就无法进入更高阶段。请尝试具有挑战性的工作，实现自我提升。 ▲

03
说好客套话，让客户更快地接受你

将"问候与致谢""塑造好第一印象""为客户推荐最合适的商品"做到几乎完美。

日本古代流传至今的茶道与武道中，存在着"守破离"的理念。

学习茶道与武道，首先需忠实地"守"住师父教授或流派的规范。在此基础上，结合自身特点进行优化，打"破"既有规范，形成个人风格。最终，超越自创的规范，达到"离"的境界，创造全新的领域——这便是极致的"道"。

这一理念适用于所有工作。

虽然从自身的成功与失败中总结经验十分重要，但仅凭如此无法掌握全部技巧。

年轻销售员若想在短期内精通销售，首先应模仿头部销售员的做法。

为了成为头部销售员，必须经历"守破离"中"守"的阶段，即从头部销售员身上学习并扎实掌握销售的基本知识，构建自己的销售风格。唯有做到"守"，方能向"破"与"离"的境界迈进。

不要以自尊为借口拒绝学习，在销售领域，结果远比自尊重要。

除了观察学习，年轻销售员还可以请求跟随头部销售员拜访客户。

头部销售员掌握着发掘新客户、应对失败、了解竞争对手等的宝贵经验。我发现，越是顶尖的销售员，越愿意无私分享他们的经验。

注意，及时记录学习到的经验，否则这些宝贵的经验最终会被遗忘。

建议销售员在工作初期选择三项内容进行实践，这是能够一次性掌握的知识数量上限。掌握这三项后，再增加新的三项内容。

头部销售员有三大共同点：

· 规范的问候与致谢礼仪；

· 良好的第一印象；

· 为客户推荐最适合的商品。

或许有人会认为这些都是理所当然之事，但据我观察，能够完美践行这三点的销售员并不多。

在上述三大共同点中，问候最为关键。开场问候与告别问候的重要性不亚于商谈本身。问候时的每一个细节都应用心呈现。

清晰洪亮地说出"早上好"与"谢谢您"、深深鞠躬、坚定有力地握手、在等候处热情挥手致意……真诚的问候不仅需要语言，还需要通过肢体动作来表达。

我曾在一家上市公司拜访时，深刻体会到问候的重要性。

初次拜访时，我与关键人物董事 D 先生进行了一个多小时的洽谈，销售工作取得了重大进展。

离开时，在电梯间等待的几十秒里，D 先生聊起了早年在美国西海岸的外派经历。

而后我在电梯口鞠躬向 D 先生告别，对方竟也保持鞠躬姿势，直到电梯门完全关闭。

按照惯例，销售员应保持鞠躬姿势直至电梯门关闭，而客户只需轻轻点头即可，D 先生这般郑重的回礼，实属罕见。

D 先生涵养极高，举止沉稳，待人接物皆谦虚有礼，言行间充满善意。他告别时的郑重鞠躬，更让我肃然起敬。

由此我深受感动，深刻认识到了问候礼仪的非凡意义。

销售员在面见客户时，应进行"开场问候"和"告别问候"。

开场时，销售员应先确认客户到场，然后感谢对方抽出时间前来见面（有时会配合肢体动作）。当顺利结束商谈并与客户告别时，销售员则应感谢客户给予商谈的机会。告别问候通常比开场问候更加简短。

告别问候虽短，却至关重要。正是因其简短，销售员的每一个细微动作都会在客户心中留下深刻印记。客户的目光往往会跟随销售员，直到电梯门完全关闭。因此，告别问候往往直接决定了客户对销售员的最终印象。

不仅在客户面前，销售员在日常工作中也应培养热情问候的习惯，如"早上好""您好""谢谢"等。无论早上多么繁忙，无论对方职位高低，销售员都应主动向对方道一声"早上好"。只有平时养成问候的习惯，销售员才能在客户面前自然而然地展现出真诚的问候。

> **销售真本领**
>
> 销售员需要先牢牢掌握销售的根基，做到"守"，才能在此基础上形成自己的销售风格。▲

04
签约完别"躺平"，警惕"跑单"

销售员在合同签约后也不能对客户掉以轻心。

在棒球比赛中，即使第九局下半场一方有两名队员出局，胜负依然难以预测。处于劣势的球队可能击出满垒全垒打，逆转局面，实现绝杀。

高尔夫比赛亦是如此。直到最后一天的最后一洞球入洞杯前，胜负都未可知，常有选手在决赛日逆袭夺冠。

棒球和高尔夫比赛的胜负往往在最后时刻揭晓，销售工作亦然。即使是在客户签约的最后一刻，销售员也不得松懈。

一流的运动员具备瞬间应变能力，而一流的销售员也会为万分之一的风险做好充分准备。

伸手可及的未来也充满未知，可能邂逅机遇，也可能遇到危机。因此，提升应变能力的预先演练与准备至关重要。

经验丰富的销售员在签约前会做好充分准备，尽可确保万无一失。因此，他们能够妥善处理客户的紧急咨询或操作变更。

然而，许多销售员在与客户签约后会有所松懈。

虽然他们会定期回访客户，但往往准备不足。当客户突然提出解约时，他们便会感到手足无措。

这种现象屡见不鲜，即便是头部销售员也难以避免。

其实，有一种方法可以有效防止客户解约，那就是"海因里希法则"。

该法则认为，每330起同类事故中，300起为无伤害事件，29起为轻伤事故，1起为重伤或死亡事故。

在销售领域，这意味着每个解约申请背后可能隐藏着三百多个潜在风险。

当客户提出解约或遇到问题时，销售员应主动拜访客户，深入了解原因并找出问题根源。销售员还应列出使用同类产品或服务的客户名单，找出可能受到影响的群体，并通过拜访、通话或发送邮件进行跟进，以预防潜在风险。通过这种方法，理论上销售员可以预防大部分解约风险。

建议销售员，可以利用公司 CRM（客户关系管理）系统或自制的表格，预先按"商品类别""服务类型""地区""购买时间"等维度建立客户清单。

完善的客户数据库能帮助销售员在问题出现时，迅速锁定风险客户并采取行动。

销售真本领

一个解约申请背后，可能存在三百多个潜在风险。销售员应建立快速处理机制，及时跟进风险客户。▲

05
如何应对"不投缘"的客户

销售时应根据"四大社交风格分类法"对症下药。

在销售过程中，销售员会遇到各种性格的客户，难免碰到与自己不投缘的客户。

在普通的人际交往中，双方通常会相互迁就以达成平衡。

但在商务场合中，客户一方往往不会主动迁就，因此销售员需要承担妥协与适应的责任。

如果无法顺利推进商谈，销售员与客户可能会陷入"话不投机半句多"的窘境。

一流的销售员深谙迁就与妥协之道。他们明白客户不会主动适应销售员，因此有意识地迁就客户，以稳定双方关系。

人们的社交风格可归纳为四大类型。

①现实派。

关注行动，喜怒不形于色，注重结果与效率，通常是独立性强的领导型人格。

②社交派。

外向开朗，富有创造力，热衷于交流，渴望倾听。

③理论派。

观察严谨，深思熟虑，善于分析和解决问题。

④友好派。

交友广泛，重视团队协作与协调。

销售员应根据"四大社交风格分类法"调整沟通策略，以使商谈顺利推进。

①现实派客户。

简明扼要、条理清晰，结论先行、避免赘述。

②社交派客户。

扮演好听众角色，倾听对方观点，保持友好互动。

③理论派客户。

注重逻辑严谨，避免感情用事。

④友好派客户。

温和沟通、展现善意，努力达成共识。

销售员若能根据客户的社交风格对症下药，商谈成功率将显著提升。一流的销售员之所以能够应对各类客户并保持高业绩，正是因为他们能够灵活运用这种方法。

销售真本领

根据客户的社交风格对症下药，是销售员攻克所有客户的"灵丹妙药"。 ▲

06
始终把客户放在第一位

销售员应先维护客户的利益，而后维护本公司与本部门的利益。

当我还是一线销售员时，我曾遇到过两个重大障碍。

第一个障碍是我无法完成业绩指标。通过观察和模仿顶尖销售员的共同点，我最终解决了这个问题。

第二个障碍是我总是困惑于应该优先维护公司的利益还是客户的利益。尽管掌握了一些销售技巧，我仍感到不安："客户真的满意我卖出的产品吗？"

带着困惑，我请教了上级领导 N 部长。

N 部长为我明确了销售员的优先考虑顺序：

①对客户最有利的产品是什么？

②如何为本公司做出贡献？

③如何为本部门做出贡献？

通过推荐最适合客户的商品，销售员不仅可以提升个人业绩，同时也为公司和部门创造价值。

"这种良性循环可以提高客户满意度，增加回头客，最终推动公司和部门的业绩提升。"

N部长的解释让我豁然开朗。

之前，我销售时优先考虑的利益顺序是本部门、本公司、客户，因为大部分前辈都是这样做的。

然而，随着经验增加、处理的项目规格与制作的提案书规格越来越高，我渐渐发现这种方式无法同时满足公司的期望和客户的需求。

销售员当然希望推销高价格或利润丰厚的产品或服务，但这些提案不一定是客户最需要的解决方案。

于是，我开始专注于为客户推荐最合适的商品和服务。

销售员在追求业绩、满足领导期望的同时，必须站在客户的角度，推荐真正适合他们的产品。

尽管有时销售员无法兼顾公司与客户的期待，但始终坚持"为客户推荐最合适的商品"是最重要的原则。

只有从客户的角度出发，才能理解这一原则的核心。

如果销售员只顾追求业绩指标而向客户推荐不合适的商品，客户很可能会拒绝购买。

即便客户一时未察觉而成交，事后满意度也会大幅下降，甚至可能取消订单或直接解约。

销售真本领

销售员应首先考虑客户的利益，再考虑公司的利益。如果销售方法损害了客户的信任，销售员最终只会自食其果。 ▲▲

07
联系感情，不做"一锤子买卖"

销售员应以让对方获益为出发点行动。

建立人脉对销售工作至关重要。广泛的人脉资源能让销售工作事半功倍。

刚被分配到销售部门时，我负责开发新客户，这项工作并不容易。陌生销售员的来电或拜访往往会让客户心生戒备。

此时，若能通过熟人介绍，客户会更容易放下防备。

例如，在我向 M 旅游公司提供新的计算机系统后，我不仅得到了总经理及董事的感谢，还从总经理办公室主任处获得了介绍信和其他旅游公司的名录。

前面提到，凭借这些介绍信，我顺利约见了所有目标客户，成功开拓了三十家新客户。

我想分享两个建立人脉的秘诀。

第一，以轻松的心态开拓人脉。

虽然人脉的建立很重要，但它并不像完成业绩指标那样紧迫，许多销售员因此迟迟没有行动。

但如果抱着"必须开拓人脉"的强烈想法行动，一旦发现理想与现实的巨大差距，人们又很容易选择放弃。

正如这句俗语："良好的开端是成功的一半。"

很多事情在真正开始后，往往会意外顺利。建立人脉也是如此，以轻松心态着手十分重要。

第二，以让对方获益为出发点。

许多销售员期待行动能带来明确的业绩回报，因此他们可能会认为建立人脉只是为了获取业绩。

但如果仅仅追求短期回报，往往难以成功建立人脉。关键在于你应把关注点放在如何让对方获益上，而非仅仅追求自身利益。

正如我在 IBM 担任销售经理时所强调的，让对方获利并不需要降低价格，而是要提出最佳方案，以使客户满意。

销售员必须完全从客户的角度来思考，给出能够解决客户问题的最佳方案。

一旦客户获得最佳方案，即使产品或服务的价格较高，他们也会欣然接受。

建立人脉同样如此。销售员应思考"我能为对方提供什么价值"，以这种态度与人交往，人脉建立自然会水到渠成。

帮助他人几乎总会带来回报，虽然回报可能不会立刻显现，但它终将会在未来的某一天到来。

销售真本领

以轻松的心态开拓人脉，切忌为了短期利益而建立人脉。▲

第4章

追赶强者，善用同行优势实现弯道超车

01
签单不难，关键在于坚持每月达成

不拘泥于合同金额，但规定自己每月都必须签订合同。

作为销售员，成功向客户推荐公司的产品和服务，并在合同上盖下双方的印章，是我们最热爱的瞬间。

我仍然记得自己作为销售员的第一年，第一次与客户签合同的情景。

客户在合同上盖章后说道："以后就拜托您了。"

我回应："非常感谢！我一定全力以赴！"

满怀热情地道谢后，我离开了那家公司的办公室，将合同紧紧贴在胸前。

等待电梯太耗时，万一客户反悔，要求重新考虑合同，那就麻烦了。因此，我选择跑下楼梯。

在最初的三年里，每次成功签单后，我都会跑下楼梯，而非乘电梯离开。

当我带着合同回到公司时，公司销售部的领导与同事们都会迎接并称赞我。

"恭喜！"

"太好了！"

"真不容易，拿下这么难的合同！"

销售员在拿到合同的瞬间，会有一种难以言喻的成就感："我终于尽到了销售的本职义务！"

为了保持自信并长期坚持销售工作，我相信不应过分关注合同金额，而是将"每月必签单"作为目标。

体育界常说"胜利是一种习惯"。常胜的选手总是抱着必胜的决心不断努力，而常败的选手则容易放弃。

销售员也是如此。每月必签订合同的"常胜销售员"绝不轻言放弃，他们会更加努力奋斗，也更容易达成目标。

在我担任一线销售员期间，我连续八十个月保持每月签订合同。相比合同金额，我更在意自己是否能够每月必签合同。我深知胜利是一种习惯，因此连续八年达成公司的业绩指标。

养成胜利的习惯绝非易事。销售员向老客户发出订单请求，或许能连续两三个月顺利签单；但若要连续半年或一年成交，则需要付出相当的努力。

因此，销售员若想每月都能成功签单，就要先怀有"每月必签合同"的强烈愿望。签订合同后，销售员的自信会随之增长，形成良性循环，进而推动个人成长与发展。

销售真本领

持续取得成果会让胜利成为一种习惯，促使销售员更容易达成目标，从而形成良性循环。

02
别等资源变好，先把眼前的事做好

不去想做不到之事，只专注能做到之事。

当我还是销售实习生时，在一个七月的夏日，我被派往郊外的工业园区开发新客户。

公司给了我一份潜在客户名单，我逐一拜访。在乘公交车拜访完一家客户后，我发现了一条捷径，于是我选择了穿过田间的小路前往下一家公司。

那天我拜访了十余家客户，但十分遗憾，没有一家愿意合作，我只能空手而归。

回程途中，我在日比谷线银座站遇到了一位负责东京中央区销售的同事。

他坐下来向我寒暄："今天辛苦了啊，战果如何？"

正交谈时，他突然低头注视着我的鞋子，沉默起来。我好奇地低头一看，发现我的鞋底沾满了杂草，甚至从两侧冒了出来。

羞愧与沮丧涌上心头，我冲进车站洗手间，清理鞋底的杂草。

当时还是实习生的我忍不住羡慕地说："你在光鲜的市中心工作，而我只能在乡下跑腿。"

对于销售员而言，负责的辖区就是战场。在好的辖区工作顺风顺水，在差的辖区工作如逆水行舟，而辖区的划分权在公司手中。

销售员必须在公司提供的资源、客户和产品的限制下，努力取得最好的业绩，同时也要有"做到最好"的决心。

用经营术语来说，销售员需要在公司提供的资源（人力、物力、财力和信息）框架内创造最大价值。

在培训会或研讨会上，我常听到销售员抱怨。

"被公司分配到这种鬼辖区，怎么出业绩？"

"竞争对手的产品比我们强，根本卖不动！"

"公司没名气，客户根本不相信我！"

同为销售员出身，我太懂这种委屈与愤恨了。

但是，没有销售员不是在有限的资源中开拓一番天地的。因此，销售员需转换思维。

充分利用公司给予的资源，并做到极致。

这才是破局关键。

一流的销售员深知，纠结于做不到的事情只是徒劳，因此他们专注于自己能做到的事，努力取得成绩。

销售真本领

停止抱怨，接受公司给予自己的资源，全心思考如何最大化利用手中的资源。

03
客户不买账，先挖出销售痛点

销售员应探寻隐藏在问题背后的"根本原因"。

假如你正在从事道路建设工作。

目标是每天修建五米道路，而实际上你每天只完成了三米。

这两米的差距就是问题。

在工作中，目标与现实之间也常常存在差距。如果实际结果超出目标，自然再好不过，但当实际结果未达预期时，问题就出现了。

如果只关注问题本身，事情将永远无法得到有效解决。

为了妥善解决问题，你必须深入挖掘隐藏在问题背后的原因。

以建设道路为例,你每天只能完成三米的原因可能有很多,如疲劳、忘记携带必备工具、天气恶劣、误将目标记成三米等。

不同原因的问题需要不同的解决方法。

如果原因是疲劳,你可以通过减少加班、调整每日工作量、加强考勤与工作态度管理等方式来解决。

如果原因是忘记携带工具,你就需要建立开工前的工具检查机制。

即便事情的结果相同,但出现问题的原因不同,解决方法也各不相同。

因此,解决问题的关键是找到症结所在。

症结就是问题的根本原因。

有时,根本原因可能不止一个。

作为销售员,切勿只关注结果而忽视其原因。

例如,某销售员在商务洽谈初期虽多次与负责人会面,但进展缓慢。

深入分析后他发现，根本原因是自己未确认客户的决策流程（决策流程是指企业内部"何时、由谁、向谁汇报、由谁决定"的审批程序），未能接触到真正的决策者。这种情况非常普遍。

通常，公司总经理或业务经理是决策者，因为他们负责项目预算管理。

因此，解决这一问题的关键是销售员应直接向负责人询问："请问本次项目的决策人是总经理，还是部长？"

直接提问，在多数情况下都能得到解答。尽管这个问题看似简单，但它对谈判的成败有着至关重要的影响。

销售真本领

不要只关注问题或结果。如果无法找出导致问题的根本原因，就无法真正解决问题。　▲

04
把目标亮出来，开单更有动力

活用"一致性原则"，向周围人宣告目标。

在商场地下室的美食广场，促销员常常邀请顾客试吃。试吃后，我发现自己往往会不由自主地进行购买。

这种现象背后反映了心理学中的"一致性原则"。为了保持言行一致，试吃后的顾客更容易接受购买请求。

人们天生追求言行、态度和信念的一致性，将这一原则应用到销售中，效果显著。

在我还是一线销售员时，我每年都会在新年度启动大会上公开承诺："第一季度一定要完成业绩目标！"

受到一致性原则的影响，公开承诺后，我认为自己必须兑现承诺，便积极付诸行动。

我深信销售成败取决于起跑阶段，因此通过向周围人公开承诺，激励自己在第一季度全力以赴。当时的我并不了解"一致性原则"，却深谙其道。

结果，我仅用半年就达成了年度业绩目标，下半年得以从容拓展业务，同时参加培训提升自我。

许多销售员在新财年或新季度伊始，领导会要求他们制订目标并完成计划。

无论公司如何要求，我建议销售员应在年初制订个人目标，并将其量化为具体数字。现实中能够将目标进行量化的人少之又少。

确定目标后，销售员可积极向同事等周围的人公开承诺，这有助于其显著提高达成目标的积极性和成功率。

向周围的人公开宣告个人目标能带来三重效应：

①形成达成目标的决心；

②将决心转化为执行力；

③获得领导及各位同事的理解与支持。

销售员应特别留意第三点效应：当周围人看到某人在全力以赴时，往往会自发给予帮助。

商界常说的"承诺"，是指通过公开宣告目标来约束自己。

这种承诺机制是公司负责人必备的重要行动准则，因为商业的本质就是不断宣告并实现目标。

销售工作天然具备承诺性质，因此，我认为销售工作是促进商务人士成长的最佳职业。

销售真本领

善用"一致性原则"，通过公开宣告个人目标来提升自己的目标达成率。　　　　　　　　　　　　　　▲

05
有钱大家一起赚，生意越做越大

销售员应挖掘客户商讨产品或服务的动机，与客户对交付期限达成一致，并制订从开始商谈到签约完毕的流程规划。

在我担任销售科科长的第一年，我一直在思考如何帮助团队所有成员达成销售目标。我管理的是一支多元化团队，七位成员中既有比我年长的资深销售员，也有刚入行一年的新人。

在成为科长之前，我积累了八年一线销售经验，并坚信"销售技巧是科学的、可复制的"。销售技巧并非个人专属的秘诀，而是任何人都能通过实践掌握的科学方法。

然而，当时 IBM 的头部销售员都选择保密自己的技巧，不愿向他人分享。我对此深感疑惑：若能将经验分享给整个团队，每个人都能成长。于是，我决定毫无保留地与团队成员分享我的经验和从头部销售员那里学到的知识。

从那时起，每周日晚上，我都会回忆七位成员的面孔，思考如何帮助他们提升业绩，并持续为每位成员撰写名为"高野科长建议"的个性化清单。

每份清单包含十条对应成员本周应实施的具体建议，我在每周一早晨的例会上将其分发下去。

例如，我为资深员工 M 先生提供的建议包括：

· 制作面向老客户的新产品 X 的提案书模板；

· 陪同本部销售部部长拜访签约在即的 A 公司；

· 在我休假时代理部分职务。

而对新员工 Y 先生的建议则有所不同：

· 为新客户制订销售流程；

· 安排与已成交客户 B 公司的聚餐；

· 整理客户 C 公司的投诉问题并向我汇报。

两年时间里，我每周为七名成员撰写个性化建议清单。每年约有五十二周，因此在这两年间，我共撰写了约七千条建议（7 人 × 10 条 × 100 周）。

经过数月的持续撰写，我发现业绩不佳的销售员普遍存在三个短板，若能克服这三点，便能提升业绩：

· 未能挖掘客户"商讨产品或服务的动机"；

· 未与客户对交付期限达成一致；

· 未制订促成签约的"销售流程"。

通过建议清单，我要求团队成员杜绝这三种情况。此后，全体成员都实现了持续达标。

而我也通过持续撰写建议清单，领悟到了销售的真谛：业绩不佳的销售员只要克服这三点，就能取得好成绩。

销售真本领

　头部销售员的销售技巧可供复制，如果能够向团队成员共享这些技巧，所有人都能实现成长。　▲

06
提高工作效率，别浪费"黄金上午"

成为"晨型人"，将重要事务集中在上午处理。

销售员需要在有限的时间内完成公司设定的销售指标，因此掌握提高工作效率的方法至关重要。

要提高工作效率，必须保持符合人体生物钟的工作节奏。

日出而作、日落而息是人类的生存规律，这种规律由体内基因层面存在的生物钟决定。

多数头部销售员都会遵循生物钟，高效利用上午的黄金时段，因为这是一天中注意力最集中的时间。

他们通常在清晨提前到岗，利用上午头脑最清晰的时段制作提案书、预约客户和制作报价单，下午则拜访客户。

傍晚回到公司后，他们会妥善处理当日待办事项，如协调部门工作、解答客户疑问等。

最后，他们会列出次日待办事项清单，尽早回家养精蓄锐，避免熬夜加班。

尽管工作繁忙时难免需要熬夜加班或周末加班，但我建议销售员始终以"晨型模式"安排工作。

选择在上午集中处理工作，不仅因为我们的头脑清醒，还因为上午客户来电较少，我们能够更专注于个人事务。

工作效率提高、业绩上升时，人的精神状态也会更加健康。正所谓"病由心生"，反之，良好的精神状态能促进身体健康。

销售工作需要频繁出外勤，因此强健体魄对销售员至关重要。只有身心健康销售员才能持续深耕销售领域。

以下是我建议在上午处理的事项：

· 撰写提案书；

· 制作报价单；

· 预约潜在客户；

· 制订与优化销售策略。

这些工作需要我们充分调动脑力，最适合在思维敏捷的早晨完成。

若因加班应酬或私事熬夜导致生物钟紊乱，我们就需要及时调整。

沐浴阳光是调整生物钟最有效的方式，吃早餐也有利于生物钟的调整和恢复。以下是有效调整生物钟的方法：

· 无论熬夜到多晚，睡前拉开部分窗帘，确保起床时能沐浴晨光，唤醒身体；

· 每天吃早餐，哪怕只喝一杯蔬菜汁，也有助于调整生物钟。

销售真本领

建立符合生物钟的工作方式，养成"晨型模式"。当不得已被打乱生物钟时，应及时调整体内节律。 ▲

第 5 章
销售习惯决定你成功的高度

01
戒掉拖延症，实现零加班

努力用半年时间完成一年的工作量，推动销售水平实现质的飞跃。

学生时代的暑假作业总是拖到最后一刻才开始动笔——许多人都有类似的经历。

在职场中，经常加班的人往往以加班为前提推进工作，而总是准时下班的人则以按时完成任务为前提推进工作。

这种现象可以用英国历史学家帕金森提出的"帕金森定律"来解释。

他在著作中写道："工作量会不断膨胀，直到占满所有可用时间。"

换言之，工作量不是由任务量本身决定的，而被可用时间所支配。

人们在感到时间充裕时，容易产生懈怠心理，从而拖延不想做的事情，最终耗尽所有时间。

若逆向利用该定律，人为缩短截止期限，就能在有限时间内显著提升工作效率。

这种思维方式同样适用于销售工作。具体而言，销售员可以将公司设定的业绩目标期限人为缩短，有意识地提高工作效率。

我在担任一线销售员时，通常规定自己用半年时间完成一年的工作量，自我施压，激励自己提高工作积极性。

这种做法能显著提升销售员的注意力和工作效率，推动其销售水平的提升。

我常听到同行抱怨："要是再多给我三个月，不，六个月，肯定能完成目标！"

而我却反其道行之，规定自己只能用一半的时间完成任务。

我之所以采取"倍速工作法"，是因为我希望自己始终保持从容的心态，避免整年为达成目标疲于奔命。

实际上，只要明确截止期限，合理安排工作并努力拼搏，在大多数情况下我都能按时完成任务。

从业第二年起，我每年只用半年时间就完成了公司下达的年度指标，剩余时间则用于思考如何提升自己。

"晨间学习"和"技能提升"如今已成为流行概念，但在当年，个人技能培训并不受重视。

我始终认为，自我投资和创造学习环境至关重要。因此，我参加了技术研讨会、领导力课程等几乎所有公司内部的培训。

此外，我还积极参加外界的销售培训、头部销售员讲座、跨行业交流会等，每年在专业培训上投入超过二十天，磨炼自身技能。

这种自我投资形成了良性循环：个人技能的突破带来自我成长，而自我成长又推动了业绩的提升。

销售真本领

将目标周期压缩一半，过滤掉无用环节，集中精力高效工作，节省出的时间可用于自我投资。

02
记录、总结、复盘，销售学习"三板斧"

销售员应当天记录所学内容，将重要事项分条总结，并留出复盘时间。

参加销售培训、研讨会，或聆听头部销售员的成功案例后，许多人会豁然开朗或深受感动。

然而，尽管在现场深受启发，许多销售员往往无法将所学的销售技巧付诸行动。

这种现象可以用德国心理学家赫尔曼·艾宾浩斯提出的"艾宾浩斯遗忘曲线"来解释：人们在学习新知识后，一小时后会遗忘 56%，一天后遗忘 74%，一周后遗忘 77%，一个月之后遗忘 79%。

换言之，人类的记忆力有限，若不采取适当措施，学到的知识会逐渐被遗忘，无法得到实践。

为了克服遗忘，我建议遵循以下三个步骤：

· 当天记录所学内容；

· 将重要事项分条总结在一张纸上；

· 安排在一周、一个月、三个月后各花三十分钟进行复盘。

这三个步骤的关键点在于"当天记录""总结在一张纸上"和"留出复盘时间"。

在复盘时，请注意以下三点：学到的要点、实践的成果、自身的行为变化。将复盘结果记录在纸上并反复查看，可以取得更好的效果。

若不安排复盘时间，只是将总结的内容贴在桌前每日查看，可能会因自我满足而失去吸收知识的机会，因此我不推荐这种方式。

显然，我们无法执行自己不理解的内容。因此，除了建立克服遗忘机制，我们还必须确认自己是否真正理解所学知识。

比如，你在演讲研讨会上学到"在当众演讲时，你与每位听众依次进行眼神交流,逐字逐句地讲解,可以掌控现场气氛"。

之后,你可以向同事实际演示,确保自己扎实掌握这一技巧,这样不仅能巩固所学,同事也会感谢你的分享,可谓一举两得。

无论技巧多么复杂,只要真正理解,就能向他人清晰地解释。如果对方无法通过你的解释而理解,那很有可能是因为你自己还没有理解透彻。

用自己的语言向他人进行解释说明,就是在整理自己的思路。

所以,请不要犹豫,积极地向他人讲解自己所学的内容吧!

销售真本领

很多时候,我们并不能完全理解当天学到的销售技巧。通过向他人讲解来确认自己的理解程度,有助于我们扎实掌握这些技巧。

03
一万小时，练出销售"读心术"

销售应磨炼洞悉签约过程的"直觉力"。

大家是否听说过"一万小时法则"？

这是美国纪实作家、杂志《纽约客》撰稿人马尔科姆·格拉德威尔提出的理论。

据说，像莫扎特、披头士等艺术家，以及世界顶级运动员，为了在各自领域取得卓越成就，所需的练习时间大约为一万小时。

格拉德威尔指出，精通某项能力需要一万小时的练习。

商务人士每年的工作时长近两千小时，因此通过五年的专注工作，便能积累一万小时，进而精通某一领域。

我在从事销售的第七年时，终于能够精准洞悉整个签约过程。

从初次拜访客户公司时的前台接待、应对方式、企业氛围、办公室布局、公司海报内容、员工状态，以及与负责人的对话等线索中，我能够精准洞悉签约过程，推导出与客户进行商谈并成功签约的方法。

我花了整整六年时间才熟练掌握销售技巧，并不算聪慧。但我坚信，任何人在销售领域深耕一万小时，都能成为一流的销售高手。

在培训时，我常告诉学员："销售是依靠经验积累的职业。"

销售员为了达成业绩目标而不断努力，在经历无数成功与失败后，会逐渐积累经验，并磨炼出敏锐的"直觉力"。

这种"直觉力"可以理解为精准洞悉签约过程的能力。它能够帮助销售员预判签约的过程，迅速判断当下应采取的行动。

直觉力是销售员最重要的能力之一，它会随着销售员经验的积累而不断被强化，这也是我认为销售经验的积累永无止境的原因。

不论你计划在目前公司长期从事销售工作，还是跳槽后成为销售专家，只要不断积累经验、磨炼直觉力，无论产品或公司如何变化，你都能在一线保持出色表现。

然而，"直觉力"并非仅靠时间积累就能自然被掌握。

在日常工作中，面对不同客户时，请思考并描绘"签约过程"，并努力将设想变为现实。

销售员不断将设想的"签约过程"付诸实践，其"直觉力"将得到锻炼，进而能在瞬间做出正确判断，保持高签约率。

销售真本领

销售是依靠经验积累的职业。销售员应通过日复一日的努力，磨炼出洞悉签约过程的"直觉力"，保持高签约率。 ▲

04
高价值订单，都是问出来的

若有不明白之处，请不要犹豫，直接提问。

在我负责开发新用户的工作时，我会在拜访客户前尽可能调查客户及其行业可能存在的问题。

然而，无论准备得多么充分，考虑得多么周密，自己的了解往往也只是冰山一角。因此，在拜访客户时，我总是积极提问，通过客户的解答以加深对客户的理解。

大多数客户更喜欢表达自己，而不是倾听销售员的讲述。因此，客户通常会对愿意倾听的销售员产生好感。

销售员若有不明白的地方，请不要犹豫，积极向客户提问。这不仅能加深销售员对客户的了解，还能帮助销售员与客户建立良好的关系，是最有效的时间利用方式之一。

我曾经拜访过一家大型高端女装制造商，他们长期使用同行 S 公司的计算机系统。

在与客户公司的计算机系统负责人交谈时，他告诉我："我司引入了 S 公司最先进的计算机系统，还因此接受了媒体的采访。"他还向我展示了刊登采访内容的杂志。

S 公司的系统能够实时个性化管理每件高端女装，这在当时是划时代的创新。

当时，我认为客户既然已经拥有如此先进的系统，我们的提案将很难打动他们。但慎重起见，我详细询问了他们引进系统的经过，结果发现了一个问题。

为了更流畅地管理海量商品数据，客户现有的计算机已经不堪重负，需引入更高性能的设备。

两年后，我向客户提出了使用我司最新的高性能计算机系统的方案，成功说服客户从 S 公司的系统切换为我们公司的系统。

通过积极提问，深入了解客户的需求至关重要。

这个原则也同样适用于面向老客户的销售。

从前任销售员那里接手某个客户时，通常需要销售员了解交易记录、关键人物信息及客户面临的问题，牢记这些信息，然后深入了解客户及其行业。

接着，销售员与前任销售员一起拜访客户，完成交接。

充分了解客户的情况至关重要。在交接时，销售员若有不明白之处，请积极向对方提问。

有些人认为销售员必须了解客户的一切，但实际上，在拜访前完全了解客户是不可能的。因为前任销售员未必完全掌握客户的所有情况，而且客户的状况也在不断变化。

销售真本领

"销售员必须在拜访前完全了解客户的一切情况"是一种误解。加深对客户了解的最佳方式是直接向客户询问。

▲

05
擅长的领域做精，不擅长的找帮手

**在擅长的领域请进一步发挥优势，进入不擅长的领域
则向他人寻求帮助。**

在我担任一线销售员时，曾与 U 先生合作得非常默契。
即使现在回想起来，我依然认为他是我的最佳搭档。

U 先生是销售科科长，也是我的领导，称他为"最佳搭档"
或许有些冒昧。他年龄稍长，经验和业绩都远胜于我。

U 先生博学多识，几乎无所不知。每当我们一起拜访客户
时，他总是率先打开话题。他知识渊博，谈吐得体，能够轻松
缓和气氛，随后自然而然地进入商谈环节。

有一次，他看到客户接待室内摆放了一件精美的大型陶瓷，
便说道："这是柿右卫门风格的陶瓷吧。"

客户惊讶地回应："您真是见多识广！"

接着，客户说道："其实我对陶瓷很感兴趣……"

话题便从陶瓷展开，双方热情地攀谈起来。

当气氛变得融洽时，我则适时开口："对了，关于前几天向您介绍的新型销售管理系统，我已经带来了报价单……"

我一边说着，一边从容地从包中拿出报价单，开始向客户说明。

当时的我已十分擅长分析客户现状，并提出逻辑清晰的解决方案。

但是，我性格略微急躁，有时会过早切入正题。因此，我常反省自己："我是不是太快进入正题了？"

于是，遇到重要商谈时，我会邀请 U 先生同行，借助他的闲谈能力来缓和气氛，这对我帮助很大。

我接触过成千上万的从业者，但从未见过十全十美的销售员。即使是一流的销售员，也只是在某个特定领域比别人优秀。

因此，请找出自己的擅长领域并进一步发挥优势；进入不擅长的领域，则向他人寻求帮助。

不同的销售员有各自擅长的领域。

有些人擅长制作提案书。但提交提案书并不等于能签下合同，因此销售员通常需要准备两到三倍的提案数量。

有些人擅长发掘潜在客户。要想提交提案书，必须高效拜访大量客户，因此发掘潜在客户至关重要。

有些人则擅长预约客户见面。只有预约到足够多的客户，才能有效发掘潜在客户。在预约时，靠蛮力联系客户只是徒劳，销售员需要在理解各行各业现状的基础上，接触有交易潜力的客户。

对于正在寻找擅长领域的销售员，我建议首先在销售过程中的某一环节做到团队最好。哪怕只在一个领域成为第一，也能提振信心，提升销售水平，进而显著提升业绩。

销售真本领

销售员应尝试在销售过程中的某一环节做到团队最好，找到自己的擅长领域后，会更加自信，业绩也会随之提升。▲

06
做好"五年规划"，升职加薪机会多

试着具体描绘五年后自己想成为的模样。

许多企业遵循的职业发展路径是让年轻人早期从事销售工作，通过取得业绩获得晋升，最终步入管理层。

这是为何？

显然，如果不能通过生产与销售商品获得收入，公司就无法支付员工工资、研发新产品，甚至连办公室的水电费和租金都无法承担。

换言之，销售能力的强弱直接关系到公司的生死存亡。因此，销售工作至关重要，不可或缺。

对于公司来说，销售能力是核心。销售员与客户保持最紧密的联系，最了解客户想要什么，并且知道提出什么方案才能促使客户购买。

正因如此，公司倾向提拔在销售中表现突出的员工进入管理层，这使得销售员成为肩负公司未来的重要一环。

销售是一项严苛的工作，每周、每月都要接受业绩检验。

我在销售一线积累了丰富的经验，最终晋升为销售科科长，并在三十五岁时成为当时最年轻的销售部部长，继续迈向职业生涯的更高峰。

这是因为 IBM 与大多数公司一样，高度重视销售工作，期待销售人才成为公司的中流砥柱。

销售员通过业绩数字对外展示能力。

在销售过程中，个人或团队会被分配明确的业绩目标，其结果以季度、半年度和年度的完成指标数字呈现。

因此，销售员可以通过数字清晰地展示自己向哪些客户销售了什么产品或服务，并在多长时间内获得了多少销售额。

例如，你在三年内向客户 T 公司销售了价值五亿日元的计算机系统服务。这一成绩不仅会在当前公司得到认可，外部就业市场也会肯定你作为销售员的价值。

实际上，招聘网站上需求最多的职业便是销售。换言之，市场对于销售人才有着巨大的需求。

设有分支机构的外资企业急需拥有销售经验的本土人才。尽管这些企业能够从总部派遣金融或市场营销领域的专家，但他们往往缺乏能够有效在当地市场销售其产品或服务的人员。

此外，一流企业也在积极招聘头部销售员。销售技能已经成为当前求职市场上最为急需的能力之一。

因此，销售员所积累的经验与技术，将成为跨领域的通用无价之宝。

以上我讲述了精通销售带来的光明前景。接下来，我建议各位销售员尝试一件事。

具体描绘五年后自己想成为的模样。

例如，你可以试着具体描绘出自己未来的形象：

· 成为公司的销售科科长、销售部部长或业务部长，开拓新业务；

· 创建一个让团队成员在工作与家庭之间找到平衡的团队环境；

· 在特定领域成为受人信赖的专家，拥有丰富的专业知识和技术。

在具体描绘五年后自己想成为的模样后，请你思考并写下为了实现该目标所需要的经验与技能。

这样，你将明确为了成为五年后的自己，现在应该做出哪些努力。

找到努力方向后，请你再进一步思考在两三年后自己想成为的模样。

通过这一思考过程，你将更清晰地了解自己需要的经验与技能。

如果想在公司内部实现目标，你可以向领导解释你需要的经验与技能，获得理解与支持，争取他们的协助。如果能向上级领导进一步说明，你实现目标的可能性将大幅提高。

如果想在公司外部实现目标，你则可以向家人或朋友解释以获取他们的支持。

无论如何，获得支持者的帮助，对于审视当下的自己、投资自己并持续学习至关重要。

销售真本领

深耕销售领域，思考自己将来想成为的模样，以及为了实现这一目标所需的经验与技能。 ▲

第6章

开口值千金的话术，让客户主动下单

01
让客户回头的不是价格，而是第一印象

第一印象若不过关，一切免谈。

曾经有一本畅销书《人的外在形象占九成比重》广受好评。我认为对于销售员来说，外表与谈吐占据了决定销售成败的九成比重。

你是否听说过"梅拉宾法则"？

这是美国心理学家阿尔伯特·梅拉宾根据实验结果推导出的心理学法则。

根据该法则，在人的第一印象中，外表占55%，说话方式占38%，而谈话内容仅占7%。

在销售中，初次见面时客户对销售员的印象，九成取决于外表与谈吐，而谈话内容本身只占一成印象分。

根据我三十多年的销售经验，这一理论非常实用。要赢得客户的信赖与认可，首先需要第一印象过关，这是一切商谈的前提。

因此，无论销售员拥有多么高超的问题分析能力与提案能力，若第一印象无法获得客户认可，就无法获得展示自己的机会。

因此，我在担任一线销售员时，十分重视包括外表在内的第一印象管理。

首先，仪容仪表至关重要。我坚持身穿藏青色或深灰色西装，搭配洁净的白衬衫与色系稳重的领带。

保持良好的形象至关重要，因此西装必须挂在衣架上防皱，西裤必须每日熨烫或使用压裤机整理裤线。衬衫袖口和领口等外露部位必须仔细熨平，不得有褶皱。

因为我从事销售工作，且客户多为企业管理者，所以我始终注意保持端庄得体、清爽认真的职业形象。

第一印象往往在交换名片时定型，因此我特别注重相关礼仪。

在交换名片时，我会站在距离客户约一米的位置，挺直腰杆，鞠躬致意并稍微前移；随后，目光注视客户，清晰地报出自己的公司名和姓名，即"我是××公司的××"，再双手递上名片。接收客户名片时，务必用双手接过，并礼貌地说"请多指教"。交换名片的礼仪看似简单，但每个动作都应充满诚意，以展现销售员从容得体与细致入微的形象。

进入洽谈环节后，销售员应端正坐姿，认真注视客户面部，自然微笑并适时点头回应。

因工作事宜，我曾多次与诺贝尔物理学奖得主江崎玲于奈先生交流。在一次谈话中，他提出："科学兼具逻辑客观与感性直觉两面，如同硬币的正反面，相辅相成，推动科学发展。"

这一理念同样适用于销售员。若销售员能够兼具逻辑客观与感性直觉，客户便会敞开心扉，认可销售员。

销售真本领

销售员的外表与谈吐决定了九成印象分。请务必努力在初次见面时给客户留下良好的第一印象。

02
聪明的销售，给足客户情绪价值

客户往往会优先给出感性的拒绝，而非理性的认同。

这是我在销售培训或研讨会上常提到的一句箴言，它源自我一次失败的经历。

某年岁末，我拜访健康食品龙头企业 J 公司总经理时遭遇了重大挫折。此前，我已通过 J 公司系统部董事预约了会面。

当天，我向总经理秘书报备："我预约了与总经理的会面。"然而，秘书从办公室回来后却冷漠地答复："总经理今日不便会客"。

我不知所措，只能寻求系统部董事的帮助，但他也表示无能为力，只建议我离开，并承诺会向总经理汇报。

一年前，我曾成功促成 J 公司更换使用 IBM 系统，创下当年最大单笔业绩。当时，我通过直接拜访总经理，自上而下展开攻势推动合作。

去年年末拜访时，总经理不仅亲切接待了我，甚至亲自将我送至电梯口。

次日，系统部董事来电解释了总经理拒绝会面的原因。原来，我在去年年末拜访过总经理后，整整一年未曾再次登门拜访。

虽然我每月都会拜访系统部董事，汇报最新情况与投资效果，但我忽略了向总经理本人说明情况，这让他产生了"签完单就消失"的强烈被弃感。

这时，我才初次意识到客户感性拒绝的严重性。过去，我只关注如何获得客户的理性认同，几乎完全忽视了客户的感性拒绝会为销售带来如此重大的打击。

于是，我请系统部董事向总经理转达我的决心："我会每月拜访贵公司，并努力解决贵公司的问题。"这才暂时平息了总经理的愤怒。

此后，我每年都会拜访 J 公司总经理两次，送上问候，J

公司也成为我们更稳固的核心客户。

在应对客户投诉时，销售员应优先应对客户的感性拒绝。当客户情绪爆发时，再缜密的逻辑解释都难以被接受，相信大家都有过类似的经历。

面对投诉，销售员应第一时间诚挚道歉，真诚地接受投诉内容，并在此基础上告知客户解决方案。

道歉的速度至关重要，因为客户的愤怒会随时间的推移而加剧。

拜访致歉时，见到客户的瞬间，销售员应保持站立，深深低头，大声说"非常抱歉"，绝不能直接坐下。

销售员必须牢记，在某些情况下，必须优先顾及客户的情感需求与处境。

销售真本领

对于销售员来说，理解客户的情感需求，应对客户的感性拒绝十分重要。

03
与客户步调一致，好感自然来

销售员应与客户保持相同的行动节奏。

在我担任一线销售员期间，开发新客户的数量一直稳居公司前列，但与此同时，被竞争对手击败的次数也居高不下。由于我的提案数量远超同事，失败次数自然也更多。

常吃败仗的我特别注重一点：即使谈判失败，也要以优雅的姿态退场。

每当客户告知我的提案不予采用时，我都会带着笑容致谢离开："衷心感谢您拨冗商谈。"虽然心有不甘，但我仍努力保持开朗。

落败后，我也会持续定期寄送研讨会邀请函，用心维持客户关系。

在我们公司后辈的不懈努力下，一些曾经选择竞争对手的客户最终转而选择了我们。这种情况并非个例。

销售员也是普通人，难免会有好恶之情。销售员自然喜欢那些成功签约的客户，而对于拒绝合作或者选择竞品的客户，难免会心生不满。

然而，作为销售员，我们需要发掘每位客户的闪光点，赢得他们的好感。

行动是内心的镜子，当我们满怀善意与热情时，这种情感会自然流露在与客户的交流中。

只有客户感受到销售员的善意，才会回报这份善意。

与客户保持相同的行动节奏，是增进关系的有效方法。

心理学将建立信任关系称为"协调关系"，其三大技巧分别是点头附和、镜像反射、协同步调。

点头附和即销售员以倾听者的姿态，适时通过点头表达善意，向客户传递"我在认真聆听并理解您"的信号，从而赢得好感。

镜像反射即模仿客户无意识的动作习惯，如交叉手臂或双腿、点头应和、频繁微笑等，让客户感到亲切。

协调同步即与客户保持相同的行动节奏，如调整音量、语速、对话节奏、话题方向等，与客户产生情感共鸣。

若能自然运用这三种技巧，销售员就能触动客户内心，与其建立良好的关系。

每次洽谈前，我都会在客户公司入口或大厅深呼吸，告诉自己："从现在开始，请喜欢上即将见面的客户。"这种心理建设有利于提高洽谈质量，建议大家尝试。

销售真本领

善用点头附和、镜像反射、协调同步三大技巧，向客户传达善意。 ▲

04
一流的销售员用数据说话

销售员应与客户共同预测具体的投资回报数值。

在美国的二手车市场，外表看似正常但质量低劣的车被称为"柠檬车"。这一说法据说源于柠檬表皮厚实，难以看清其内部品质。

相反，优质二手车被称为"蜜桃车"，取蜜桃表皮薄透，内在品质一目了然之意。

二手车交易市场中，由于买卖双方所持信息不对称，买家常面临被骗购"柠檬车"的风险。

在销售领域，销售员应提供"蜜桃"品质的商品。客户需要清楚了解产品与服务的品质，并看到购买后的效果。

在企业销售中，客户最看重的是投资效果，即支付金额带来的利润回报。

因此，客户不会购买无法获得利润回报的商品与服务，即使误购，也会解约或退货。

请各位思考投资效果的含义。

例如，企业的年度预算通常在一月份确定并分配，此时投资部分已明确。

而效果部分，也必须像投资部分一样量化为具体数字，否则客户无法预测投资回报。

只有当客户明确了投资和回报的具体数字，他们才会决定是否购买。

销售员的工作是与客户共同预测具体的投资回报数值，这些回报可能包括减少经费、提高员工工作效率、增加销售额和利润等。而且，销售员应使用具体数字得出结论，例如"销售额增长一亿日元，经费减少两千万日元"，并且需要向客户说明得出具体数值的依据。

这些依据通常来自过往客户的反馈，销售员需将其量化为具体数字。

例如，在贵金属和珠宝行业，年销售额超百亿日元的企业常担心错失商机，库存金额有时会超过销售额。

存货通过银行融资采购，需要支付银行利息。若能通过数据展示减少库存带来的利息节省，客户会更易接受你的提案。

同样，在酒店行业，客房是酒店的核心商品，一旦房间空置就无法盈利。如果能提出一个具体方案，让酒店的空房率降低 20%，利润提升 10%，客户通常会欣然接受。

另外，销售员可以用数据展示拒绝提案的风险，从而更具说服力。例如销售员可告知客户："若未采用本方案，客户满意度预计下滑 20%，生产效率可能降低 30%。"

销售真本领

客户始终在权衡投资效果。销售员若能用具体数据展现投资回报，将显著提升成交概率。

05
投其所好推介，把好处聊透

销售的关键在于确认以下四点：预算、决策者、需求、购买时机。

销售员最渴望掌握的销售秘诀，莫过于有效说服客户的方法。

如果有一种能让原本拒绝的客户主动产生购买意愿的"魔法"，相信所有销售员都会纷至沓来。

然而，当今社会充斥着各种"仅凭第一印象就能成交""获得引荐就能签约""说出关键话语就能成功"等"一招制胜"的销售话术。

然而，这些所谓的"百分百成交法则"并不具有普适性。

不过，销售界确实存在一个能够百分百提升成交率的诀窍。

先判断成交可能性，只锁定真正有购买意愿的客户。

无论产品或服务多么优质，若客户没有购买预算，交易就无从谈起。

无论对接人员多么认可产品，若其没有决策权，同样无法拍板成交。

无论产品或服务多么优质、预算多么充足、对接人员有多么大的决策权，若客户没有实际需求，也不会购买。

即使所有条件都满足，若未到购买时机，客户也不会签约。

因此，销售员需要重点把握预算、决策者、需求和购买时机这四个要素。这是判断客户购买资质的关键，也是确认客户购买意愿的重要依据。这种方法称作"BANT法则"，取自四个要素的首字母。

· B（Budget，预算）：客户有多少预算？

· A（Authority，决策者）：对接人是否有决策权？

· N（Needs，需求）：客户的购买需求是否强烈？

· T（Time Frame，购买时机）：客户是否已决定购买时机？

以汽车销售为例。

客户有预算，才会考虑购车。

明确决策者身份，才能知道向谁提出方案。

通过分析需求，可以推荐合适的车型。

根据购买时机，可以推测客户的购买紧迫程度。

因此，实践"BANT法则"的汽车销售员能了解到以下信息：客户每月有三万日元的预算；决策者是家中的男主人；客户的需求是低油耗车型；由于现有车贷还有半年结清，因此最快也要半年后才会购买新车。

由此可以得出结论：半年后向男主人推荐混合动力车型，并提供五年分期付款方案，客户的购买意愿会很高。

销售真本领

说服客户的秘诀在于精准锁定真正具有购买意愿的客户。在每次商谈时坚持运用"BANT法则"，成交率将显著提升。

06
好提案，才能为你吸真金

总经理关注的是提案内容，而非销售员拜访的次数与时长。

许多成功的销售员撰写了大量关于销售经验的书籍，但很少有人从拥有最终决策权的总经理视角出发，探讨销售技巧。

我快四十岁时离开 IBM，创办了一家 IT 公司并担任总经理，首次以决策者的身份参与销售过程。在约三年时间里，我批准了总额超过十亿日元的采购方案。

我的公司从事信息通信服务行业，采购内容包括：

· 从大型通信公司采购全国网络通信服务；

· 委托外部公司处理客户咨询、申请和投诉；

·引入销售、应收账款管理、薪酬和人事管理等业务系统；

·与信用卡公司合作；

·与咨询公司签订业务战略合同；

·决定办公地点。

这些采购内容事关公司的业务架构与运营，至关重要。

作为总经理，我站在销售员的对立面，决定是否采纳他们的提案。

基于我的决策经验，我想分享客户在采购过程中的真实感受，以及促使他们做出购买决定的关键因素。

总经理会比基层员工更加深入地思考公司的发展方案，他们需要权衡客户满意度、经营战略、业务战略、预算、业绩、人才招聘与培训、资金周转、股东回报等多方面内容。

虽然会听取公司内部的提案与意见，但总经理最终决定大部分事项的走向。

尽管总经理与董事、员工齐心协力运营着公司，但他们无法完全依靠内部资源完成所有工作。

所以总经理会积极寻求外部支持。

在与上市公司、银行，以及初创企业中的超过一百名销售员的接触中，我更看重销售员的提案能否提升公司价值，而不是其拜访的次数与时长。

许多销售员希望直接与总经理见面，但如果提案缺乏价值，这种会面只会浪费时间，甚至令人不快。对于提出无意义方案的销售员，我会逐渐失去信任。

相反，那些通过邮件等方式及时提供有价值方案的销售员，即使不频繁见面，我也会主动联系并采纳其建议，甚至当场做出决策，采纳提案。

当然，无论销售员的提案多么出色，如果他们不守时、不懂礼貌、隐瞒重要事实或缺乏基本的诚信，我也不会再与他们接触。

总经理更愿意与诚信且积极提出好方案的销售员合作。

销售真本领

销售员不应随意拜访客户，而应深入思考如何提出有价值的方案，这样才能真正说服客户。▲

07
认清三个关键，轻松爆单

销售工作就是让决策者认清三个关键问题。

我目前在销售与管理咨询、初创企业投资行业工作，并担任多家企业的外部董事，与许多销售员共事。

销售员肩负着完成公司业绩指标的重任，我见过不少人在巨大压力下身心俱疲，甚至对销售工作感到痛苦。

我想对他们说：不必把销售工作想得如此复杂。

只要遵循正确的方法，坚持三年，任何人都能在销售中取得成绩。

二流和三流的销售员往往把销售工作复杂化。

相反，一流的销售员认为销售其实很简单。他们清楚，销售的核心是让决策者认清三个关键问题：

· 为什么现在需要购买？

· 为什么我们的产品是最佳选择？

· 这笔投资能带来什么回报？

销售员要想签订合约，明确以上三点，缺一不可。

如果迟迟无法签约，销售员需要找出客户对哪一点尚未认可，然后饱含诚意地解释，直到获得认可。

任何商业洽谈中，都存在决策者的角色。

因此，在谈判初期就应询问客户是否为决策者。

很多人觉得这种问题不好开口，但实际上，客户通常很乐意告知。是否询问客户身份，对谈判结果有着重大影响。

不了解客户身份就推进销售，无异于驾驶没有指南针的船舶。船无法到达目的地，销售员也无法企及签约的"彼岸"。

明确客户的身份后，销售员应尽快拜访客户。越早见面，越能深入了解上述三个关键问题，从而有效推进销售工作。

无论是面向消费者销售汽车、保险、住宅等高额商品的"B to C"模式，还是面向企业的"B to B"模式，这一策略都同样适用。无论销售什么商品或服务，销售的本质都是让决策者回答这三个关键问题。

若销售员能够理解这一本质并付诸实践，业绩定会大幅提升。

我一直认为，销售是一份能清晰见证自身努力成果的工作，也是最能获得成就感的工作。

正如本书开头所述，销售员的使命就是完成公司下达的业绩指标。

签约瞬间的喜悦、回到办公室时同事们的赞美、通过业绩感受自身成长的乐趣……请尽情享受销售工作的魅力吧！

销售真本领

销售方法十分简单，只需让决策者认清三个关键问题。 ▲

结语

销售工作是企业活动的生命线，核心是销售商品或服务。

然而，在商学院 MBA 的课程中，却从未系统教授过销售技巧。也就是说，目前几乎不存在系统学习销售技巧的途径。

因此，许多销售员只能依靠个人经验形成独特的销售风格，但这种方式很难让他们快速成长为头部销售员。多年来，我一直为此感到遗憾。

本书由曾经的头部销售员撰写，我在观察了数万名销售员后，总结出了一套人人可行的销售技巧。我衷心希望您能阅读本书。

我接触过的头部销售员，无一不在践行书中这些简单易行的销售习惯，从而保持高业绩。

习惯始于一小步的尝试，只有不断坚持，才能让习惯融入血液，成为开启未来的钥匙。

从业至今，我从众多客户身上学到了宝贵的经验——从交换名片、问候等商务礼仪，到发现客户问题、制订解决方案的销售技巧，再到理解并践行市场与行业战略的营销能力……我由衷感谢客户给予我学习的机会。

此外，我还要感谢各位商业伙伴、日本 IBM 株式会社的领导与各位同事，你们身上的宝贵经验让我受益匪浅。

本书的完成也离不开日本 SMART LINE 株式会社的客户与合作伙伴的支持。衷心感谢各位。

我希望更多的职场人能够感受到，销售是一份充满魅力的工作。

只要每天重视这些微小的习惯，各位定能连攀成功高峰。